María Guadalupe Martínez Treviño
Catalina Vargas Ramos
Luisa Porfiria Chavez Barrera

Psychische Arbeitsbelastung als psychosozialer Faktor

D1664567

María Guadalupe Martínez Treviño
Catalina Vargas Ramos
Luisa Porfiria Chavez Barrera

Psychische Arbeitsbelastung als psychosozialer Faktor

Anwesenheit bei Arbeitnehmern mit Verwaltungstätigkeiten

ScienciaScripts

Cover image: www.ingimage.com

This book is a translation from the original published under ISBN 978-620-2-25345-1.

Publisher:
Sciencia Scripts
is a trademark of
Dodo Books Indian Ocean Ltd. and OmniScriptum S.R.L publishing group

120 High Road, East Finchley, London, N2 9ED, United Kingdom
Str. Armeneasca 28/1, office 1, Chisinau MD-2012, Republic of Moldova, Europe
Printed at: see last page
ISBN: 978-620-5-46973-6

PSYCHISCHE ARBEITSBELASTUNG ALS PSYCHOSOZIALER FAKTOR BEI ARBEITNEHMERN MIT VERWALTUNGSTÄTIGKEITEN VORHANDEN

MGA. MARIA GUADALUPE MARTINEZ TREVIÑO DRA. CATALINA VARGAS RAMOS

MPCS. LUISA PORFIRIA CHAVEZ BARRERA

ZUSAMMENFASSUNG.

Heutzutage erfordern Arbeitsplätze ein hohes Maß an Aufmerksamkeit, Konzentration und lange Arbeitszeiten, was zu einem Ungleichgewicht in der Metallgesundheit der Arbeitnehmer führt (Freire & Corrales, 2018).

Dies führt zu einer beträchtlichen psychischen Belastung der Arbeitnehmer, die zunimmt, da in den meisten Branchen der Transformation Technologien eingesetzt werden, die die körperliche Entwicklung der Arbeitnehmer gehemmt haben, was dazu führt, dass die Arbeit heutzutage eher geistig belastend ist (Canizalez & Gómez, 2018).

Folglich weisen mehrere Untersuchungen darauf hin, dass sich die derzeitigen Merkmale der globalisierten Arbeit nachteilig auf die psychische Gesundheit der Arbeitnehmer auswirken (HespanHol, Garrido, KawaMura, & Aparecida de Souza, 2015).

Es ist jedoch bekannt, dass die psychische Gesundheit eng mit dem Arbeitsumfeld zusammenhängt, da es häufig zu Interaktionen mit den sogenannten psychosozialen Faktoren im Arbeitsbereich kommt, die von dem 1984 von der ILO (Internationale Arbeitsorganisation) und der WHO (Weltgesundheitsorganisation) gebildeten gemeinsamen Ausschuss als Berufsrisiken anerkannt wurden (Pacheco, 2017).

Diese Faktoren wirken sich auf die Qualität und die Tätigkeit der Arbeit aus, indem sie das Arbeitsleben des Einzelnen beeinträchtigen oder begünstigen, wobei die ersteren der psychischen Gesundheit und dem Wohlbefinden der Menschen abträglich sind (Gil, 2012).

Daher ist es wichtig zu wissen, wie hoch die psychische Arbeitsbelastung ist, die Arbeitnehmer im Rahmen ihrer täglichen Arbeit im Arbeitsbereich entwickeln, und wie eng diese mit psychosozialen Risikofaktoren zusammenhängt (Rubio, Diaz, Garcia, & Luceño, 2010).

INHALTSANGABE:

KAPITEL I. - EINLEITUNG.

1.1 HINTERGRUND

Im Laufe der letzten Jahrzehnte war zu beobachten, dass sich die Unternehmen immer weniger um ihre Mitarbeiter kümmerten, da diese bestimmte arbeitsrechtliche Vorschriften nicht einhielten, darunter die Ausbeutung von Arbeitskräften und psychosoziale Risiken, die immer mehr zunahmen und folglich zu Risiken und Unfällen am Arbeitsplatz führten, so dass die Unternehmen im Allgemeinen begannen, Alternativen für die Mitarbeiter vorzuschlagen, um einen positiven Einfluss auf die Arbeit zu haben, aber vor allem, um sie in einem guten physischen, psychischen und sozialen Zustand zu halten (Camacho & Mayorga, 2017).

Daher fand 1950 über verschiedene Organisationen die erste Sitzung mit dem Ausschuss der Internationalen Arbeitsorganisation (IAO) und gemeinsam mit der Weltgesundheitsorganisation (WHO) statt, in der die Bedeutung psychosozialer Faktoren in die Arbeitsmedizin aufgenommen wurde, woraufhin Jahre später Maßnahmen zur Förderung der Gesundheit und des Wohlbefindens der Arbeitnehmer vorgeschlagen wurden (Jiménez, 2014).

Um psychosoziale Faktoren zu reduzieren, begannen die Unternehmen jedoch, Alternativen zu diesem Problem zu entwickeln, und so entstand 1980 in der Industrie der Begriff der betrieblichen Gesundheit (Vieco & Abello, 2014).

Psychosoziale Faktoren in der Arbeitsumgebung gelten als einer der Hauptgründe für Angstzustände oder Depressionen, und es wird befürchtet, dass sich die Situation noch verschlimmern könnte. Aus diesem Grund hat das Nationale Institut für Sicherheit und Hygiene am Arbeitsplatz 1997 psychosoziale Faktoren definiert "als die Bedingungen, die in einer Arbeitssituation vorhanden sind und die in direktem Zusammenhang mit der Organisation, dem Inhalt der Arbeit und der Ausführung der Aufgabe stehen, und die die Fähigkeit haben, sowohl das Wohlbefinden oder die Gesundheit (physisch, psychisch oder sozial) des Arbeitnehmers als auch die Entwicklung der Arbeit zu beeinflussen" (Jiménez, 2014).

Die Internationale Arbeitsorganisation (ILO) hingegen definiert psychosoziale Faktoren als "die Wechselwirkungen zwischen Arbeitsinhalt, -organisation, -management und Umweltbedingungen einerseits und den Funktionen und Bedürfnissen der Arbeitnehmer andererseits". Diese Wechselwirkungen können je nach persönlicher Wahrnehmung und Erfahrung einen schädlichen Einfluss auf die Gesundheit der Arbeitnehmer ausüben" (Castro, Charro, Garcia, Garcia, Garcia, Leroug, Meléndez, Pérez, Rivas, Romeral, San Martín & Vicente, 2010).

In einer von der Europäischen Agentur für Sicherheit und Gesundheitsschutz am Arbeitsplatz durchgeführten Untersuchung wurden mehrere psychosoziale Risiken festgestellt, die sich aus der schlechten Organisation der verschiedenen Unternehmen ergeben, sowie aus der Behandlung des Personals und/oder den Konflikten, die die Mitarbeiter in ihrem Privatleben haben, Kommunikation, Stresskonferenzen und ein Psychologe für das Personal im Allgemeinen, mit dieser Art von Programm können die Arbeitnehmer mit einer guten Perspektive und einem guten Arbeitsumfeld zur Arbeit gehen, mit Zufriedenheit und guter Reaktion auf die Arbeit (National Institute of Occupational Safety and Health, 2015).

Im Handbuch zu psychosozialen Risiken in Spanien wird jedoch erwähnt, dass es im Arbeitsbereich immer psychosoziale Risiken gegeben hat, aber jede Organisation die richtigen Maßnahmen ergreift, da in den letzten Jahren Veränderungen vorgenommen wurden, um ein gutes Organisationsklima zu schaffen, um Risiken für die Gesundheit der Arbeitnehmer zu vermeiden, und auch die Sicherheit der Arbeitnehmer selbst ist sehr wichtig (Raffo, Ráez & Cachay, 2013).

Psychosoziale Faktoren werden immer präsenter, und durch die neuen Technologien, die durch den wissenschaftlichen Fortschritt entstanden sind, können immer mehr Arten von Erkrankungen unterschiedlichen Ausmaßes hinzukommen, wie z. B. Alkohol-, Tabak- und Drogenabhängigkeit, die zwar als Probleme der öffentlichen Gesundheit gelten, aber auch die Gesundheit der Arbeitnehmer am Arbeitsplatz beeinträchtigen und ungeeignete Bedingungen für sie schaffen können (Castro, et al. 2010).

Deshalb werden bei der Bewertung der Risiken im Arbeitsumfeld durch den Arbeitsschutz auch psychosoziale Faktoren berücksichtigt, die in verschiedenen Organisationen auftreten und das körperliche, geistige und soziale Wohlbefinden des

Arbeitnehmers beeinträchtigen (Aufsichtsbehörde für Arbeit und soziale Sicherheit, 2012).

Auf der Grundlage der obigen Ausführungen wird davon ausgegangen, dass sich die Beziehung, die in den Arbeitsbedingungen besteht, auf die psychische und emotionale Belastung des Arbeitnehmers auswirkt, was sich in niedriger Produktivität, schlechter Produktqualität und mangelnder Nachhaltigkeit in verschiedenen Organisationen niederschlägt, wenn psychosoziale Faktoren vorhanden sind und mit der Gesundheit und Sicherheit am Arbeitsplatz zusammenhängen (Raffo, Ráez & Cachay, 2013).

In einem Arbeitsumfeld sind die Komponenten des psychosozialen Risikos die Faktoren, die mit der Organisation, dem Inhalt der Arbeit und der Ausführung der Aufgabe zusammenhängen und die das Wohlbefinden, die Gesundheit und die Produktivität der Arbeitnehmer beeinträchtigen können, so das Nationale Institut für Sicherheit und Hygiene am Arbeitsplatz (Instituto Nacional de Seguridad e Higiene en el Trabajo). Unter diesen Komponenten ist die psychische Arbeitsbelastung einer der wichtigsten psychosozialen Risikofaktoren, die mit den Merkmalen der Aufgabe zusammenhängen (Rubio, Diaz, Garcia, & Luceño, 2010).

Daher hat das Übermaß an Aufgaben, denen die Arbeitnehmer ausgesetzt sind, Prozesse ausgelöst, die zu einer Sättigung der psychischen Arbeitsbelastung führen, was wiederum die psychischen Anforderungen an die Arbeitnehmer bei der Ausübung ihrer Arbeitstätigkeit erhöht hat (Pulido, Molina, & Rodriguez, 2016).

Wenn also ein Missverhältnis zwischen den Anforderungen der Aufgabe und den Fähigkeiten der Mitarbeiter besteht, werden die negativen Auswirkungen als psychische Arbeitsüberlastung dargestellt. Das heißt, wenn der Arbeitnehmer mehr Anforderungen ausgesetzt ist, als er bewältigen kann, manifestiert sich die psychische Arbeitsbelastung als Folge, was sich negativ auf die Gesundheit von Arbeitnehmern und Arbeitsplätzen auswirkt, wenn sie ihre Ziele nicht erreichen (Caballos, Rolo, Díaz, Paravic, & Hernandez, 2015).

Die psychische Arbeitsbelastung kann auch definiert werden als "die Differenz zwischen den Ressourcen des Arbeitnehmers und den Anforderungen der Arbeit" (Rubio, Diaz, Garcia, & Luceño, 2010). (Rubio, Diaz, Garcia, & Luceño, 2010).

Obwohl es keine konkrete und eindeutige Definition des Begriffs "psychische Arbeitsbelastung" gibt, wurden in den siebziger Jahren mehrere Vorschläge gemacht, die sich auf Aspekte der Interaktion zwischen dem Arbeitnehmer und einer bestimmten Arbeit beziehen, insbesondere wenn die Anforderungen dieser Arbeit die Fähigkeiten der Person, die sie ausführt, übersteigen können (Gil, Ergonomia cognitiva y carga mental, 2014).

In diesem Zusammenhang stellen wir fest, dass aufgrund des technologischen Fortschritts und seiner Permanenz in den industriellen Sektoren, diese Arbeitstätigkeiten, die Situationen, in denen psychische Arbeitsbelastung wirkt sich auf die Arbeit und das Wohlbefinden der Arbeitnehmer zu induzieren. Daher unzureichende Niveau der psychischen Arbeitsbelastung führen zu erheblichen Veränderungen in der Arbeitsleistung des Arbeitnehmers, die ihre Leistung, was das Vorhandensein von verschiedenen Symptomen, die sich in ihr, die Änderung der Organisation... (Pulido, Molina, & Rodriguez, 2016).

Aus diesem Grund kommt der psychischen Belastung als einem der wichtigsten psychosozialen Risikofaktoren eine große Bedeutung zu (Rubio, Diaz, Garcia, & Luceño, 2010).

Darüber hinaus wird das Thema der psychosozialen Risikofaktoren bereits seit einiger Zeit behandelt, und es wird daher mit Nachdruck auf die psychosozialen Risiken hingewiesen, die als eine Reihe sehr wertvoller Umstände in der Arbeitsumgebung dargestellt werden, die negative Auswirkungen auf die Gesundheit der Arbeitnehmer haben und die sich, wie oben erwähnt, auf den Arbeitsplatz auswirken (Moreno, 2011).

Darüber hinaus haben Erhebungen des INSHT (Instituto Nacional de Seguridad Higiene en el Trabajo) in Spanien zu den Arbeitsbedingungen im Jahr 2007 gezeigt, dass die psychische Arbeitsbelastung als wichtiger psychosozialer Risikofaktor zunimmt, wobei anzumerken ist, dass dies nicht nur in Spanien, sondern auch in den übrigen Ländern der Fall ist (Díaz, Rubio, Garcia, & Luceño, 2010).

Ebenso haben Studien, die in den vergangenen Jahren von staatlichen Stellen und anerkannten internationalen Organisationen durchgeführt wurden, gezeigt, dass die psychische Gesundheit direkt mit den Arbeitsbedingungen zusammenhängt, die wiederum mit den oben genannten psychosozialen Risikofaktoren verbunden sind (HespanHol, Garrido, KawaMura, & Aparecida de Souza, 2015).

Andere Untersuchungen zeigen, dass die Bewertung psychosozialer Risikofaktoren eine große Hilfe für Unternehmen ist, die ein günstiges Arbeitsumfeld für ihre Mitarbeiter schaffen und Arbeitsunfälle aufgrund dieser Faktoren vermeiden möchten (Diereccion General de la Inspeccion de Trabajo y Seguridad Social Y El Instituto Nacional de Seguridad E higiene en el Trabajo, 2012).

Schließlich ist anzumerken, dass die obligatorische Einhaltung des Themas, bei dem die Intervention der Hygienewissenschaft bei der Identifizierung von Risikofaktoren beim Arbeitnehmer, wie z. B. psychosoziale Faktoren, berücksichtigt wird, in den Betrieben und bei den Arbeitnehmern unmittelbar bevorstand, als 1989 in der Entschließung 1016 in Kolumbien der Bereich der Arbeitsmedizin die Beziehung zwischen psychischer Gesundheit und Arbeit erwähnte.

1.2 PROBLEMSTELLUNG.

In den letzten Jahren sind immer häufiger Themen im Zusammenhang mit psychosozialen Faktoren aufgetaucht, die sich auf verschiedene Situationen beziehen, die am Arbeitsplatz auftreten und das Wohlbefinden der Arbeitnehmer ernsthaft beeinträchtigen, wie Aggression am Arbeitsplatz, Belästigung am Arbeitsplatz, sexuelle Belästigung, psychische Erschöpfung und arbeitsbedingter Stress (Moreno, 2011).

Durch die verschiedenen demografischen, technologischen und wirtschaftlichen Veränderungen, die immer mehr zunehmen, und das Auftreten von psychosozialen Faktoren, die durch schlechte Organisation entstehen, verursachen sie Schäden an der psychischen Gesundheit der Arbeitnehmer. Ein Beispiel dafür ist arbeitsbedingter Stress, der in den letzten Jahren in Unternehmen weltweit um bis zu 58 % zugenommen hat (Fernández, 2010).

Ein weiterer psychosozialer Faktor, der derzeit berücksichtigt wird, ist die psychische Belastung, die sich aus den verschiedenen Aspekten der sich wiederholenden Arbeiten und Bewegungen ergibt, sowie aus den Anforderungen, die im Rahmen eines Arbeitsvorgangs oder einer auszuführenden Aufgabe bestehen, auch wenn diese keine körperliche Aktivität beinhalten, und die sich auf die psychologische Ebene des Arbeitnehmers auswirken (Ceballos, Valenzuela & Paravic, 2014).

Andererseits verändern psychosoziale Faktoren auch die verschiedenen physischen und psychologischen Aspekte in Fällen, in denen Gewalt, Belästigung oder sexuelle Belästigung am Arbeitsplatz vorkommen. Die Inzidenzrate hat zugenommen, und die Folgen, die sich oft daraus ergeben, sind von größter Bedeutung, da einige zu Traumata und sogar Selbstmord führen können (Moreno, 2011).

Ebenso spiegelt sich die Beziehung zwischen den Affekten des Arbeitnehmers innerhalb von Organisationen in seiner Gesundheit wider und wirkt sich unter anderem auf Emotionen, Abwesenheit, Konzentration und Entscheidungsfindung aus. Es ist wichtig, hervorzuheben, dass nicht alle Arbeitnehmer auf die gleiche Weise reagieren, und zu betonen, wie wichtig es ist, Gesundheit und Sicherheit auf der Grundlage des Wohlbefindens des Arbeitnehmers für ein besseres Arbeitsumfeld zusammenzufassen (Osorio, 2011).

So hat die psychische Arbeitsbelastung heutzutage eine grundlegende Rolle in der Industrie eingenommen, ihre Bedeutung liegt im Bereich der Prävention von Berufsrisiken und vor allem in der Gesundheit der Arbeitnehmer, sowohl physisch als auch psychisch (Rivera & Romero, 2016).

Daher hat das Interesse der Industrie an der Frage der psychischen Arbeitsbelastung in dem Maße zugenommen, in dem sich die Unternehmen für die Faktoren interessieren, die die Arbeitsbedingungen und die Arbeitsleistung der Arbeitnehmer beeinflussen (Diaz, 2010).

Unter diesem organisatorischen Gesichtspunkt steht die psychische Arbeitsbelastung im Zusammenhang mit der Unfallrate, der Leistung und dem Krankenstand. Die Entstehung relevanter Probleme für den Gesundheitszustand der Arbeitnehmer (Herz-Kreislauf-Erkrankungen, Muskel-Skelett-Erkrankungen, Drogenmissbrauch usw.), die sich folglich auch auf den Arbeitsplatz auswirken (Rubio, Diaz, Garcia, & Luceño, 2010).

Die psychische Arbeitsbelastung wird als psychosozialer Risikofaktor bezeichnet. Da es sich bei den psychosozialen Faktoren um Situationen handelt, die in der Arbeitsumgebung auftreten und die mit der Ausführung der Aufgabe (neben anderen

Situationen) verbunden sind, ist die psychische Arbeitsbelastung einer dieser Faktoren, da sie mit den Merkmalen der Aufgabe verbunden ist. Schließlich stehen psychosoziale Risiken am Arbeitsplatz auch in direktem Zusammenhang mit Arbeitsunfällen und Berufskrankheiten, wie die sechste Erhebung über die Arbeitsbedingungen des INSHT (Nationales Institut für Sicherheit und Hygiene am Arbeitsplatz) in Spanien (Gil, 2012) zeigt (Gil, 2012).

Ist die psychische Arbeitsbelastung als psychosozialer Faktor bei Arbeitnehmern mit Verwaltungstätigkeiten vorhanden?

1.2 HYPOTHESE.

Nullhypothese

Bei Arbeitnehmern mit Verwaltungstätigkeiten gibt es keine psychische Arbeitsbelastung als psychosozialen Faktor.

Alternative Hypothese

Die psychische Arbeitsbelastung als psychosozialer Faktor ist bei Arbeitnehmern mit Verwaltungstätigkeiten vorhanden.

1.4 ZIELE.

Allgemeines Ziel

Messung des Ausmaßes der psychischen Arbeitsbelastung als psychosozialer Faktor bei Arbeitnehmern mit Verwaltungstätigkeiten.

Spezifische Ziele

- Ermittlung des Ausmaßes der psychischen Arbeitsbelastung als psychosozialer Faktor nach Geschlecht.
- Ermittlung des Ausmaßes der psychischen Arbeitsbelastung als psychosozialer Faktor je nach Arbeitsschicht.
- Bestimmung des Niveaus der psychischen Arbeitsbelastung als psychosozialer Faktor nach Arbeitsjahren.

1.5 RECHTFERTIGUNG DER STUDIE

Psychosoziale Faktoren nehmen weiter zu und stehen im Zusammenhang mit der Entwicklung verschiedener Krankheiten. Trotz des Wissens, dass es die notwendigen Maßnahmen zur Prävention berufsbedingter Risiken durch die verschiedenen wissenschaftlichen Untersuchungen gibt, die im Bereich der Sicherheit und Hygiene am Arbeitsplatz durchgeführt wurden, ist klar, dass sie mit der psychischen Gesundheit und der Arbeitsumgebung zusammenhängen, vor allem unter den Arbeitsbedingungen, und das ist der Hauptgrund, warum man sich dafür interessiert hat, was in diesem Zusammenhang passiert (Jimenez, 2014).

Die Arbeitnehmer sind jedoch diejenigen, die betroffen sind, wenn psychosoziale Risiken auftreten und sich in Stimmungsschwankungen niederschlagen, vor allem bei wirtschaftlichen Nachlässen, beim Erreichen einer Kategorie oder einer höheren Position und bei Arbeitsplatzstabilität, sowie bei Erwachsenen zwischen 30 und 49 Jahren und bei Personen, die Arbeitsplätze mit höheren Rängen wie Vorgesetzten oder Managern besetzen (Neffa, 2015).

Andererseits haben die Informationen über psychosoziale Faktoren bewiesen, dass sie eine große Auswirkung auf Organisationen haben, unverhältnismäßig hohe Kosten verursachen und die Zukunft von Unternehmen durch das Auftreten von Problemen verändern können, wie z. B. die Arbeitsleistung des Arbeitnehmers, die sich in geringer Produktivität und Qualität der Materialien widerspiegelt, sowie Fehlzeiten im Zusammenhang mit Schwierigkeiten am Arbeitsplatz, die von größter Bedeutung sind, um verschiedene Strategien zur Prävention und Intervention zu suchen (Moreno, 2011).

Gegenwärtig werden von den Arbeitnehmern mehr Fähigkeiten und Fertigkeiten verlangt, um sich an das Zeitalter der Globalisierung anzupassen, in dem Technologie, Innovation und Optimierung am Arbeitsplatz an Bedeutung gewonnen haben, was zu einer Aktualisierung der von den Arbeitnehmern ausgeführten Aufgaben geführt hat (Verano & Garavito, 2015).

Arbeitsbedingungen und/oder Tätigkeiten, die für die Arbeitnehmer schwer zu bewältigen sind, bergen psychosoziale Risiken (Gil, 2012).

Aus diesem Grund ist die Frage der psychosozialen Risikofaktoren am Arbeitsplatz von großer Bedeutung, da sie sich auf die Arbeitsbedingungen und die Arbeitsleistung der Arbeitnehmer auswirken (Diaz, 2010).

Psychosoziale Risikofaktoren werden als ein entscheidendes Element betrachtet, da sie die Arbeitsleistung der Arbeitnehmer und die psychische Arbeitsbelastung beeinflussen und sich auf die Aktivität und die Qualität des Arbeitslebens der Arbeitnehmer auswirken (Gil, 2012).

Aus diesem Grund wird die psychische Arbeitsbelastung mit der Entstehung von Problemen für das Wohlbefinden und die Gesundheit des Arbeitnehmers in Verbindung gebracht, da die daraus resultierenden Folgen wie Fehlzeiten aufgrund von Arbeitsunfähigkeit oder Krankheitsurlaub, erhöhte Unfallrate, geringe Leistung und Aufgabe der Arbeit am Arbeitsplatz überwiegen (Rubio, Diaz, Garcia, & Luceño, 2010).

1.6   EINSCHRÄNKUNGEN DER STUDIE

Die Entwicklung der Forschung kann durch Umstände beeinträchtigt werden, die den Fortschritt der Forschung stören würden, zum einen durch die Genehmigung der Anwendung des Instruments, das für die Erhebung der für die Stichprobe erforderlichen Daten verwendet werden soll, und zum anderen durch die Ausleihe einer bestimmten Anzahl von Arbeitnehmern pro Tag, um das Instrument bei ihnen anzuwenden. Eine weitere Einschränkung, die es zu beachten gilt, ist die Einhaltung der vom Unternehmen für die Anwendung des Instruments und von der Universität vorgesehenen Zeit.

Eine weitere Unannehmlichkeit, die entstehen kann, ist der Transport der Auszähler zum Unternehmen. Schließlich kann es Daten geben, die vom Unternehmen als vertraulich eingestuft werden könnten und daher bei der Untersuchung nicht berücksichtigt werden müssen.

1.7 DEFINITION VON BEGRIFFEN.

Arbeitsumfeld: Eine Reihe von Merkmalen, die eine Organisation beschreiben und sie von anderen Organisationen unterscheiden; diese Merkmale sind im Laufe der Zeit relativ beständig und beeinflussen das Verhalten der Menschen in der Organisation (Zarate, 2013).

Absentismus: Absentismus wird definiert als das Nichterscheinen von Arbeitnehmern zur Arbeit aufgrund von direkt oder indirekt vermeidbaren Ursachen, wie Krankheit, unabhängig von ihrer Dauer und Art - allgemein, berufsbedingt, Arbeitsunfall oder nicht, einschließlich Arztbesuchen, sowie ungerechtfertigte Abwesenheit während des gesamten Arbeitstages oder eines Teils davon und unbegründete Abwesenheit während der Arbeitszeit (Weltgesundheitsorganisation, 2010). **Arbeitsunfälle:** Jede organische Verletzung oder Funktionsstörung, die unmittelbar oder später eintritt, der Tod oder das Verschwinden als Folge einer kriminellen Handlung, die plötzlich bei der Arbeit oder im Zusammenhang mit der Arbeit eintritt, unabhängig von Ort und Zeit, an dem sie ausgeführt wird (Bundesarbeitsgesetz, 2018).

Wohlbefinden am Arbeitsplatz: die Gesamtheit der günstigen oder ungünstigen Gefühle und Emotionen, mit denen die Arbeitnehmer ihre Arbeit betrachten (Newstron & Davis 1996).

Mentale Arbeitsbelastung: Funktion der Anzahl der Stufen eines Prozesses oder als Funktion der Anzahl der Prozesse, die für die korrekte Ausführung einer Aufgabe erforderlich sind, und insbesondere als Funktion der Zeit, die die Versuchsperson benötigt, um in ihrem Gedächtnis die Antworten auf eine erhaltene Information auszuarbeiten (Nogareda, 2005). (Nogareda, 2005).

Arbeitsplatz: Der Ort oder die Orte, wie Gebäude, Räumlichkeiten, Einrichtungen und Bereiche, an denen Tätigkeiten der Ausbeutung, Nutzung, Produktion, Vermarktung, des Transports und der Lagerung oder der Erbringung von Dienstleistungen ausgeübt werden, an denen Personen arbeiten, die einem Arbeitsverhältnis unterliegen (Norma Oficial Mexicana-035-STPS, 2018).

Arbeitsbedingungen: Alle Merkmale der Arbeit, die einen wesentlichen Einfluss auf die Entstehung von Risiken für die Sicherheit und Gesundheit des Arbeitnehmers haben können. Zu dieser Definition gehören insbesondere Die allgemeinen Merkmale der am Arbeitsplatz vorhandenen Räumlichkeiten, Anlagen, Geräte, Produkte und sonstigen Hilfsmittel. Die Art der in der Arbeitsumgebung vorhandenen physikalischen, chemischen und biologischen Agenzien und die entsprechenden Intensitäten, Konzentrationen oder Anwesenheitsgrade. Die Verfahren für die Verwendung der oben genannten Mittel, die die Entstehung der oben genannten Risiken beeinflussen. Alle anderen Merkmale der Arbeit, einschließlich derjenigen, die sich auf ihre Organisation und Gestaltung beziehen, die das Ausmaß der Risiken beeinflussen, denen der Arbeitnehmer ausgesetzt ist (Gesetz 31, 1995 vom 8. November 1995 über die Verhütung berufsbedingter Risiken).

Arbeitsleistung: Die bei den Mitarbeitern beobachteten Handlungen oder Verhaltensweisen, die für die Erreichung der Ziele der Organisation relevant sind. Sie besagt, dass eine gute Arbeitsleistung die wichtigste Stärke einer Organisation ist (Chiavenato, 2000).

Berufskrankheiten: Jeder pathologische Zustand, der sich aus der fortgesetzten Einwirkung einer Ursache ergibt, die ihren Ursprung oder ihr Motiv in der Arbeit oder in der Umgebung hat, in der der Arbeitnehmer seine Dienste zu leisten hat (Ley Federal del Trabajo, 2018).

Psychosoziale Risikofaktoren: Faktoren, die Angststörungen, nichtorganische Störungen des Schlaf-Wach-Rhythmus und schweren und adaptiven Stress verursachen können, die sich aus der Art der Arbeitsaufgaben, der Art des Arbeitstages und der Exposition gegenüber schweren traumatischen Ereignissen oder Gewaltakten am Arbeitsplatz ergeben, denen der Arbeitnehmer aufgrund seiner Arbeit ausgesetzt ist.

Prävention berufsbedingter Risiken: Gesamtheit der Aktivitäten oder Maßnahmen, die in allen Phasen der Unternehmenstätigkeit ergriffen oder geplant werden, um die mit der Arbeit verbundenen Risiken zu vermeiden oder zu verringern (LAW 31, 1995).

Risiko: Die Möglichkeit, dass ein Arbeitnehmer bei der Arbeit einen bestimmten Schaden erleidet. Um ein Risiko unter dem Gesichtspunkt seiner Schwere zu qualifizieren, sind die Wahrscheinlichkeit des Schadenseintritts und die Schwere des Schadens gemeinsam zu bewerten (LAW 31, 1995).

Psychosoziale Risiken: Die Merkmale der Arbeitsbedingungen und vor allem ihrer Organisation, die je nach Grad der Exposition und je nach Person, Zeit und Ort spezifische Gesundheitsschäden bei den Arbeitnehmern hervorrufen können (Caicoya, 2004).

Psychische Gesundheit: Ein Zustand des Wohlbefindens, in dem der Einzelne seine eigenen Fähigkeiten erkennt, die normalen Belastungen des Lebens bewältigen kann, produktiv und fruchtbar arbeiten kann und in der Lage ist, einen Beitrag zu seiner Gemeinschaft zu leisten (Weltgesundheitsorganisation, 2001a).

Arbeitnehmer (-es): Arbeitnehmer ist die natürliche Person, die eine untergeordnete persönliche Arbeit für eine andere natürliche oder juristische Person verrichtet (Ley Federal del Trabajo, 2018).

Mobbing am Arbeitsplatz: Rechtswidriges Verhalten, das gegen die Grundrechte verstößt und aus systematischen und wiederholten Schikanen durch Worte, Taten oder Unterlassung seitens des Arbeitgebers oder eines oder mehrerer Arbeitnehmer oder von diesen gemeinsam gegen einen oder mehrere Arbeitnehmer besteht, die deren Würde oder Gesundheit bedrohen und ihre Arbeitsbedingungen oder Beschäftigungsmöglichkeiten beeinträchtigen (Caamaño, 2011).

Arbeitsbedingtes Risiko: Unfälle und Krankheiten, denen die Arbeitnehmer im Rahmen ihrer Arbeit ausgesetzt sind (Ley Federal del Trabajo, 2017).

Psychosoziale Risiken bei der Arbeit: Es handelt sich um Arbeitssituationen, die mit hoher Wahrscheinlichkeit die Gesundheit der Arbeitnehmer in physischer, sozialer oder psychischer Hinsicht ernsthaft schädigen (Moreno, 2011).

Gesundheit: Ein Zustand des vollständigen körperlichen, geistigen und sozialen Wohlbefindens und nicht nur das Fehlen von Krankheit oder Gebrechen (Weltgesundheitsorganisation, 2013).

Psychische Gesundheit: Ein Zustand des Wohlbefindens, in dem sich der Einzelne seiner eigenen Fähigkeiten bewusst ist, die normalen Belastungen des Lebens bewältigen kann, produktiv und fruchtbar arbeiten kann und in der Lage ist, einen Beitrag zu seiner Gemeinschaft zu leisten (Weltgesundheitsorganisation, 2013).

Arbeit: Jede menschliche, intellektuelle oder materielle Tätigkeit, unabhängig vom Grad der technischen Vorbereitung, die für jeden Beruf oder jedes Gewerbe erforderlich ist (Ministerium für Arbeit und soziale Prävention, 2018).

1.8 VARIABLE.

Psychische Arbeitsbelastung als psychosozialer Faktor

KAPITEL II. - Literaturübersicht

2.1. Theoretischer Rahmen.

Psychosoziale Faktoren sind Risikosituationen, die am Arbeitsplatz ausgelöst werden können und in engem Zusammenhang mit der Art der in einer Organisation ausgeführten Arbeit stehen, wie z. B. die Position oder der Posten des Arbeitnehmers, die auszuführenden Tätigkeiten, einschließlich der Umgebung, in der er sich befindet, was sich auf die Ausführung der Aufgaben und die Gesundheit am Arbeitsplatz auswirkt (Gil-Monte, 2012).

Daher definiert die IAO (Internationale Arbeitsorganisation) psychosoziale Faktoren als: "die Wechselwirkungen zwischen Arbeitsinhalt, -organisation, -management und Umweltbedingungen einerseits und den Funktionen und Bedürfnissen der Arbeitnehmer andererseits. Daher können diese Wechselwirkungen je nach persönlicher Wahrnehmung und Erfahrung einen schädlichen Einfluss auf die Gesundheit der Arbeitnehmer ausüben" (Castro, et al. 2010).

Aus diesem Grund können Arbeitnehmer Schäden erleiden, wenn sie psychosozialen Risikofaktoren ausgesetzt sind, die sich aus den Arbeitsbedingungen in ihrem Produktionsbereich ergeben (Galbán, 2018).

Ebenso stehen psychosoziale Faktoren im Zusammenhang mit der Beeinträchtigung grundlegender Elemente der Arbeitnehmerrechte wie Würde, körperliche und geistige Unversehrtheit, Meinungsfreiheit, Recht auf Gesundheit, Stress, Gewalt und Belästigung am Arbeitsplatz oder sexuelle Belästigung (Confederación de Empresarios de Málaga, 2013).

Wenn also unter Bedingungen gearbeitet wird, in denen psychosoziale Risikofaktoren vorhanden sind, wirkt sich dies in der Regel direkt auf die Gesundheit der Arbeitnehmer aus, und zwar auf unterschiedliche Weise, die sich direkt und negativ in Form von körperlicher und geistiger Erschöpfung niederschlägt, wodurch die Wahrscheinlichkeit eines Unfalls oder der Entwicklung einer Berufskrankheit steigt (Galbán, 2018).

Psychosoziale Risikofaktoren und ihre Auswirkungen haben in den letzten Jahren an Bedeutung gewonnen, da sie in hohem Maße mit Arbeitsunfällen und Berufskrankheiten in Verbindung gebracht werden, für die sie eine Hauptursache sind und die zu einem Anstieg der Häufigkeit von Entlassungen geführt haben, die durch Arbeitsunfälle oder berufsbedingte Gesundheitskomplikationen verursacht werden können (Gil-Monte, 2012).

In diesem Sinne sind psychosoziale Risikofaktoren für Unternehmen heute von größter Bedeutung, da sie eines der Hauptprobleme in einem Arbeitsumfeld darstellen. Statistiken zeigen, dass die Auswirkungen auf die Gesundheit der Arbeitnehmer beachtlich sind, weshalb Wachsamkeit geboten ist (Ceballos, Valenzuela & Paravic, 2014).

Die heutigen Arbeitsbedingungen, unter denen psychosoziale Risikofaktoren entstehen, stehen im Zusammenhang mit der Auswirkung auf die psychische Arbeitsbelastung der Arbeitnehmer, und epidemiologische Studien haben eine wachsende Tendenz bei der Prävalenz von Todesfällen gezeigt, was einer der Hauptgründe dafür ist, dass das Interesse an der Untersuchung dieser Faktoren und ihrer Beziehungen geweckt wurde (Jiménez, 2014).

Dazu ist es notwendig, die Arbeitsbedingungen zu bewerten und zu beobachten, z. B. bei der Auswahl und Schulung von Arbeitnehmern, um das Auftreten und die Entstehung von psychosozialen Risikofaktoren zu verhindern, angefangen beim Arbeitsumfeld (Berral, Fernández, Ferrer, Gimeno, Llacuna, Mundate, Nogareda, Lara, Peiró, Peró, Pinilla, Romeo, Romero, Yébenes & Guárda, 2010).

Es ist erwähnenswert, dass es bestimmte Merkmale im Zusammenhang mit psychosozialen Risiken gibt, die zu Burnout führen können, und zwar aufgrund des Arbeitstempos, der Produktivität, der Verantwortung, der Hierarchie, der Führung, des Arbeitsbereichs, des Gehalts, der wirtschaftlichen Stabilität, der Arbeitszeiten, der Routine, der Überstunden, der Pausen usw. (Gil-Monte, 2012).

Auf diese Weise entsteht Stress, der, wenn er den verschiedenen psychosozialen Risikofaktoren ausgesetzt ist, die körperliche, geistige und soziale Gesundheit eines Arbeitnehmers beeinträchtigen kann und den vollständigen Gesundheitszustand, das Gleichgewicht oder das Wohlbefinden der Person beeinträchtigt, da diese Faktoren in immer stärkerem Maße mit dem Auftreten verschiedener Syndrome oder Krankheiten in Verbindung stehen (Jiménez, 2014).

Es ist wichtig, die außerberuflichen psychosozialen Faktoren individuell zu ermitteln, um die Arbeitnehmer zu bewerten und die notwendigen Informationen für ihre Diagnose zu erhalten, wie z. B. Geschlecht, Alter, akademische Daten, die Gefühlslage, den Arbeitsbereich, in dem sie tätig sind, das Dienstalter, psychometrische Tests und Labortests, damit eine Analyse durchgeführt und Maßnahmen zum Schutz der Arbeitnehmer und des Unternehmens getroffen werden können (Osorio, 2011).

Die Dimension des Problems liegt in den neuen Technologien, in der neuen Ära der Globalisierung, die zu Veränderungen in der Arbeitsumgebung und der Zunahme neuer Formen der Einstellung, in den Arbeitsbeziehungen, den gestiegenen Anforderungen, der immer anspruchsvolleren Arbeitsbelastung, den demografischen Veränderungen, dem Ungleichgewicht der Arbeit, dem persönlichen Leben der Arbeitnehmer und den Wirtschaftskrisen führt (Galbán, 2018).

Im Rahmen der Problemanalyse ist eine Bewertung der psychosozialen Risiken erforderlich. Um die notwendigen Informationen zu erhalten und das Problem zu erkennen, ist es sehr hilfreich, die Arbeitssituation, die Arbeitszeiten, die Arbeitsschichten, die Art der Arbeitsverträge, die Organigramme, die Funktionen, die Aufgaben, die Unfälle, die häufigen und berufsbedingten Krankheiten, die Fehlzeiten und die Maßnahmen zur Vereinbarkeit von Beruf und Familie zu kennen (Alegria, 2012).

Einer der wichtigsten psychosozialen Risikofaktoren in Unternehmen ist arbeitsbedingter Stress und psychische Arbeitsbelastung, die sich aus den Arbeitsbedingungen ergeben, die durch hohe Anforderungen und Wünsche im Arbeitsumfeld entstehen und sich in schwierigen persönlichen Entscheidungen, Überforderung und geringer Stimulation niederschlagen (Vieco & Abello, 2014).

Daher ist Arbeitsstress einer der häufigsten psychosozialen Risikofaktoren, der sich nicht nur auf das Arbeitsumfeld, sondern auch auf die Gesundheit der Arbeitnehmer auswirkt, da der Arbeitnehmer dazu neigt, wenig Interesse an der Arbeit und Motivation zu haben, was dazu führt, dass er weniger produktiv ist und eine negative Perspektive hat. Daher sollten Organisationen ihre Mitarbeiter als Priorität betrachten und sie motivieren, unter optimalen Bedingungen zu arbeiten und ihre Arbeitstätigkeit gut zu entwickeln (Gutiérrez & Viloria-Doria, (2014).

Arbeitsstress ist die psychische und physische Reaktion, die auftritt, wenn die Anforderungen der Arbeit nicht mit den Fähigkeiten, Ressourcen oder Bedürfnissen des Arbeitnehmers übereinstimmen, und kann durch die Arbeit selbst, den sozialen Kontext oder das organisatorische Umfeld hervorgerufen werden, z. B. durch schlechte Kommunikation zwischen Arbeitnehmern oder zwischenmenschliche Konflikte (López, Solano, Arias, Aguirre, Osorio & Vásquez, 2012).

Arbeitsbedingter Stress ist durch ein gewisses Maß an Anspannung gekennzeichnet, das als Folge eines Ungleichgewichts zwischen einer anderen Person, dem Arbeitsumfeld und anderen Kollegen auftritt, so dass sie mit den Anforderungen anderer Menschen, des Arbeits- und des sozialen Umfelds konfrontiert werden, was dazu führt, dass sie sich nicht in der Lage fühlen, richtig zu reagieren und zu handeln (Ceballos, Valenzuela & Paravic, 2014).

Ein hohes Stressniveau bei einem Arbeitnehmer führt zu einer Verschlechterung des Gesundheitszustands, wie z. B. Herzerkrankungen, Atemwegserkrankungen, Muskel-Skelett-Erkrankungen, Müdigkeit, Depressionen, Angstzustände, Schwäche, Drogenmissbrauch, aber auch zu gewalttätigem Verhalten, in extremeren Fällen sogar zu Selbstmord (Galbán, 2018).

Dies ist einer der größten psychosozialen Risikofaktoren, mit denen Arbeitnehmer konfrontiert werden können, da nicht nur eine Person betroffen ist, sondern mehrere, und die Ursachen, Auswirkungen oder der Wettbewerb können vielfältige Probleme sein, die sich auch auf die physische und psychische Gesundheit auswirken und zu Konflikten am Arbeitsplatz oder in der Familie, Gewalt am Arbeitsplatz und/oder sexueller Belästigung führen (Vieco & Abello, 2014).

Laut dem Nationalen Institut für Sicherheit und Hygiene am Arbeitsplatz (INSHT) gilt Gewalt als einer der verschiedenen psychosozialen Risikofaktoren, zu denen auch verschiedene Arten von Mobbing gehören, z. B. Mobbing am Arbeitsplatz, sexuelle und moralische Belästigung (Mobbing) (Raffo, Ráez & Cachay, 2013).

Gewalt am Arbeitsplatz zeichnet sich in der Regel durch verschiedene Situationen wie Drohungen, Beschimpfungen oder Diebstahl innerhalb von Organisationen aus, in denen die physische und psychische Gesundheit der Arbeitnehmer gefährdet ist (Camacho & Mayorga, 2017).

Auf diese Weise zeigt sie sich physisch und psychisch im Arbeitsumfeld und wird in der Regel bei Arbeitnehmern der unteren Hierarchieebenen von Personen mit einer höheren Position dargestellt, und ihre Folgen sind in der Regel mit niedrigen produktiven Erträgen, schlechter Qualität, Fehlzeiten, Apathie, mangelnder Motivation und erschöpfenden Kündigungen verbunden (Seelbach, 2012).

MOBBING.

Ein weiterer psychosozialer Risikofaktor, der in Betracht gezogen wird, ist Mobbing (Belästigung am Arbeitsplatz), da es eng mit der direkten Form der Fragilität und Stabilität des Beschäftigungsverhältnisses eines Arbeitnehmers zusammenhängt und durch schikanöse Verhaltensweisen eines Angreifers gegenüber einem oder mehreren seiner Opfer gekennzeichnet ist, wie z. B. verbale Drohungen, Verspottung, Flüstern, Schlechtreden des Privatlebens von Arbeitnehmern, Kritik an der Arbeitsleistung, Beschimpfungen, Beleidigungen bis hin zu körperlichen Angriffen (Neffa, 2015).

International wird Mobbing am Arbeitsplatz mit zwischenmenschlichem Mobbingverhalten in Verbindung gebracht und kann auf unterschiedliche Weise durch verschiedene Arten von Konflikten zum Ausdruck kommen. Dem Autor zufolge wird er als eine weitere Form von arbeitsbedingtem Stress betrachtet (González-Trijueque, Giachero & Delgado 2012).

Es ist jedoch erwähnenswert, dass ein weiterer Aspekt, der mit Mobbing zusammenhängt, die sexuelle Belästigung am Arbeitsplatz ist, obwohl unabhängig vom Geschlecht das weibliche Geschlecht stärker betroffen ist, entweder durch einen Vorgesetzten oder durch eine ungleiche Position und dadurch, dass es das Objekt eines sexuellen Zeichens ist (Galbán, 2018).

Sexuelle Belästigung gehört ebenfalls zu den psychosozialen Risikofaktoren, die vor allem Frauen betreffen, und wird definiert als "unerwünschtes Verhalten sexueller Natur am Arbeitsplatz, das von den Betroffenen als beleidigend empfunden wird, ihre Ressourcen übersteigt oder ihr Wohlbefinden bedroht" (Camacho & Mayorga, 2017).

Die Internationale Arbeitsorganisation (IAO) weist darauf hin, dass Frauen, die hervorragende Leistungen erbringen, in einer überwiegend männlich geprägten Kultur stigmatisiert und diskriminiert werden, und zwar nicht aufgrund ihrer Führungsqualitäten oder Kompetenzen, sondern aufgrund der sexistischen und machistischen Kultur, der sie ausgesetzt sind. Dies ist ein Hinweis auf die Probleme, die für Frauen in Bezug auf den heute vorherrschenden Machismo bestehen, der dazu führt, dass Frauen als das schwächere Geschlecht angesehen werden und in ihrer Arbeitsleistung verletzlicher sind (Camacho & Mayorga, 2017).

In diesem Sinne ist Gender in der Lage, die Ungleichheiten zwischen Frauen und Männern am Arbeitsplatz zu erkennen. So dogmatisiert die IAO, dass Männer Unfälle haben und Frauen sich abnutzen, während eine Studie darauf hinweist, dass die meisten Frauen unter sexueller Belästigung und Diskriminierung arbeiten, während Männer unter körperlichen Anforderungen leiden (Ceballos, Valenzuela & Paravic, 2014).

In der Folge kann sich das Opfer belästigt fühlen und Symptome wie Ängste, Depressionen, Stress und ein körperliches, geistiges und soziales Ungleichgewicht zeigen, das sich in der Ausübung seiner Tätigkeit niederschlägt, da es zu einem Mangel an Motivation führt, der die Quantität und Qualität seiner Arbeit verringert (Galbán, 2018).

Bournout-Syndrom

Andererseits gilt das Burnout-Syndrom als ein weiterer psychosozialer Risikofaktor, der durch das Vorhandensein von Stress im Körper des Arbeitnehmers definiert wird und bei emotionalen und zwischenmenschlichen Stressoren bei der Arbeit Symptome wie chronische Müdigkeit, Ineffizienz und Verleugnung des Geschehens zeigt (Confederación de Empresarios de Málaga, 2013).

Dieses Syndrom wurde in den 1970er Jahren erforscht und bekannt gemacht, als sich durch neue Technologien Veränderungen in den Unternehmen abzeichneten, die zur Entstehung neuer psychosozialer Risikofaktoren führten, die sich durch eine Beeinträchtigung der Lebensqualität und des Wohlbefindens der Arbeitnehmer sowie eine erhöhte Arbeitslosigkeit auszeichnen (Díaz & Gómez, 2016).

Das Burnout-Syndrom ist eine der Folgen psychosozialer Risikofaktoren, ähnlich wie arbeitsbedingter Stress, aber im Gegensatz zu arbeitsbedingtem Stress wird es als chronische Belastung betrachtet, die auf Müdigkeit oder emotionale Erschöpfung zurückzuführen ist (Galbán, 2018).

In diesem Sinne ist das Burnout-Syndrom dadurch gekennzeichnet, dass Arbeitnehmer, die darunter leiden, sich ihrer Arbeit verpflichtet fühlen, was zu einer energetischen Erschöpfung führt, die sie daran hindert, eine bestimmte Aufgabe kompetent und effizient auszuführen. Grundsätzlich sind Arbeitnehmer, die diese Art von Syndrom entwickeln, diejenigen, die eine sehr hohe berufliche Position innerhalb einer Organisation innehaben, oder diejenigen, die sich auch Hilfsdiensten widmen, wie z. B. Gesundheitsfachkräfte (Instituto Nacional de Seguridad e Higiene del Trabajo, 2015).

Als Folge des Burnout-Syndroms kommt es zu einer psychischen Arbeitsbelastung, die mit der körperlichen und geistigen Anstrengung verbunden ist und dazu führt, dass der Arbeitnehmer Probleme hat und sich inkompetent fühlt, seine Arbeitstätigkeiten auszuführen oder zu erfüllen (Neffa, 2015).

Psychische Belastung

Die psychische Arbeitsbelastung ist das Ergebnis verschiedener Aspekte, die sich aus der Fähigkeit ergeben, bestimmte Tätigkeiten auszuführen, wie z. B. repetitive Arbeiten oder die Nutzung neuer Technologien, die sich im Allgemeinen auf die körperliche, geistige und soziale Verfassung der Arbeitnehmer auswirken (Ceballos, Valenzuela & Paravic, 2014).

Daher sind die psychische Arbeitsbelastung Situationen im Zusammenhang mit psychosozialen Risikofaktoren, sowie die Anforderungen, die innerhalb der es und die individuellen Aspekte, wie die Persönlichkeiten oder Einstellungen der einzelnen Arbeitnehmer, die sich auf den Job als arbeitsbedingten Stress (Osorio, 2011).

Ebenso ist Gewalt einer der häufigsten psychosozialen Risikofaktoren in einem Arbeitsumfeld, weshalb das NIOSH Forschungen durchführt, um diesen Faktor in Organisationen zu reduzieren (Raffo, Ráez & Cachay, 2013).

Andererseits werden im Rahmen der psychosozialen Faktoren Arbeitskonflikte betrachtet, die im Arbeitsumfeld entstehen können und dadurch definiert sind, dass sie eine Art von Spannung oder Reibung mit einer anderen Person erzeugen, die ein Ungleichgewicht im physischen, psychischen und sozialen Wohlbefinden des Arbeitnehmers verursacht, da die Arbeitnehmer ständig mit psychosozialen Risikosituationen im Arbeitsumfeld umgehen müssen (Camacho & Mayorga, 2017).

Psychosoziale Faktoren beeinflussen Organisationen auf unterschiedliche Weise, sowohl am Arbeitsplatz als auch in der Arbeitsumgebung, und werden im Allgemeinen mit den Arbeitsbedingungen oder einer schlechten Organisation der Unternehmen in Verbindung gebracht, was zur Entstehung von Risiken führt, die die Arbeitsleistung und die Gesundheit der Arbeitnehmer beeinträchtigen (Raffo, Ráez & Cachay, 2013).

Schließlich bedeutet die Exposition gegenüber psychosozialen Risikofaktoren, dass es Variablen in Bezug auf die Gesundheit der Arbeitnehmer am Arbeitsplatz gibt, bei denen Arbeitsunfälle oder Berufskrankheiten durch das Fehlen der notwendigen Kontrollen zur Verhinderung ihrer Entstehung in Organisationen ausgelöst werden können (Neffa, 2015).

Dabei ist es wichtig hervorzuheben, dass, wenn diese Risiken bestehen, ein oder mehrere Arbeitnehmer betroffen sind und die Ursachen oder Auswirkungen vielfältig sein können. Im Rahmen der Folgen wird geschätzt, dass Unternehmen, wenn ein Unfall oder eine Berufskrankheit entsteht, zahlreiche Kosten für die medizinische Versorgung ihrer Arbeitnehmer übernehmen müssen und außerdem gezwungen sind, zeitweilige Ersatzkräfte einzustellen, was zu einem Rückgang der Produktion ihrer Prozesse, Fehlzeiten und Kündigungen von Mitarbeitern führt, weil sie mit ihrer Arbeitstätigkeit nicht mehr zufrieden sind (Camacho & Mayorga, 2017).

Am Anfang war die Arbeit im Wesentlichen eine Übung, mit der der Mensch die Natur umgestaltete, um seine Bedürfnisse zu befriedigen. Die gesellschaftliche Entwicklung hat dazu geführt, dass diese Bedürfnisse immer schwieriger geworden sind und sich von den Bedürfnissen entfernt haben, die für unsere Vorfahren grundlegend waren (Macías & Rocha, 2016).

Die heutige Arbeit erfordert ein hohes Maß an Aufmerksamkeit, Konzentration und langen Arbeitszeiten, was zu einem Ungleichgewicht in der Metallgesundheit der Arbeitnehmer führt (Freire & Corrales, 2018).

Canizalez & Gómez (2018) erwähnen, dass am Arbeitsplatz in den letzten Jahren technologische Implementierungen entwickelt wurden, die zu einer Verringerung der am Arbeitsplatz erforderlichen körperlichen Fähigkeiten und zu einer Zunahme der kognitiven Fähigkeiten geführt haben, was bedeutet, dass die psychische Arbeitsbelastung zu einem entscheidenden Punkt für den Fortschritt und die Forschung in Bezug auf die Effizienz, den Komfort und die Sicherheit der Arbeitnehmer bei der Arbeit geworden ist.

Psychische Gesundheit

Daher weisen mehrere Autoren darauf hin, dass sich die derzeitigen Merkmale der globalisierten Arbeit nachteilig auf die psychische Gesundheit der Arbeitnehmer auswirken (HespanHol, Garrido, KawaMura, & Aparecida de Souza, 2015).

Um die Verschlechterung der psychischen Gesundheit der Arbeitnehmer zu bewerten und mögliche Lösungen vorzuschlagen, haben wir daher versucht, die Beziehung zwischen dem Arbeitsumfeld, der Qualität und der Organisation der Arbeit und ihren Auswirkungen auf das Wohlbefinden der Mitglieder zu ermitteln (Pacheco, 2017).

Die jüngsten Bedenken hinsichtlich der psychischen Gesundheit von Arbeitnehmern beeinflussen daher die Veränderungen, die in den Bereichen Management, Sicherheit und Gesundheit am Arbeitsplatz stattfinden, obwohl bereits 1960 deutlich wurde, dass Management und Organisation zu einer Beeinträchtigung der psychischen Gesundheit von Arbeitnehmern beitragen (Internationale Arbeitsorganisation, 2016).

Wenn man sich auf die verschiedenen schädlichen Aspekte der Gesundheit bezieht, muss man auch ihre Bedeutung erwähnen, die von der WHO im Jahr 1946 gegeben wurde, wo sie als "Zustand des vollständigen körperlichen, sozialen und geistigen Wohlbefindens und nicht nur als Abwesenheit von Krankheit oder Gebrechen" definiert wird (Wynne, et al., 2014). (Wynne, et al., 2014).

Eine weitere Definition stammt aus dem Anden-Instrument für Gesundheit und Sicherheit am Arbeitsplatz, das den Begriff als "das Wohlbefinden einer Person in physischer und psychischer Hinsicht" definiert (Rendón & Toro, 2018).

Mit dem psychischen Wohlbefinden ist die psychische Gesundheit verbunden, die von Houtman & Kompier 1998 definiert wurde als "ein Zustand des psychologischen und sozialen Wohlbefindens des Einzelnen in einem bestimmten soziokulturellen Umfeld, der positive Stimmungen und Affekte fördert". (Gómez & Calderón, 2017)

Die WHO hingegen definiert es als einen "Zustand des Wohlbefindens, in dem sich der Einzelne seiner Fähigkeiten bewusst wird, in der Lage ist, die normalen Belastungen des Lebens zu bewältigen, produktiv und fruchtbar zu arbeiten und einen Beitrag zur Gemeinschaft zu leisten" (Wynne, et al., 2014).

Wenn jedoch die psychische Gesundheit mit dem Bereich der Arbeit verbunden ist, gibt es viele Gründe, warum den Problemen, die sie in diesem Bereich mit sich bringt, Aufmerksamkeit geschenkt werden sollte, so dass "die Aufmerksamkeit für die psychische Gesundheit am Arbeitsplatz als eine der vorrangigen Maßnahmen betrachtet wird, wobei die Zunahme der Inzidenz und Prävalenz, die Auswirkungen auf die Gesundheit des Arbeitnehmers, auf die Organisation und die Auswirkungen auf die Qualität und Produktivität der Arbeit berücksichtigt werden" (Núñez & Mingote, 2011). (Núñez & Mingote, 2011)

Aus diesem Grund hat die psychische Gesundheit von Arbeitnehmern angesichts der in den letzten Jahrzehnten von staatlichen Stellen und internationalen Organisationen durchgeführten Studien, die den direkten Zusammenhang zwischen Arbeitsbedingungen und psychischen Störungen belegen und sich im Allgemeinen auf Aspekte im Zusammenhang mit psychosozialen Risikofaktoren konzentrieren, eine besorgniserregende Bedeutung erlangt (HespanHol, Garrido, KawaMura, & Aparecida de Souza, 2015).

Wie bereits erwähnt, wurde die psychische Gesundheit mit dem Arbeitsumfeld in Verbindung gebracht, da sie häufig mit den sogenannten psychosozialen Faktoren im Arbeitsbereich interagiert, die von dem 1984 von der ILO (Internationale Arbeitsorganisation) und der WHO (Weltgesundheitsorganisation) gebildeten gemeinsamen Ausschuss als wichtig erachtet wurden (Pacheco, 2017).

Psychosoziale Faktoren und psychische Arbeitsbelastung.

In ähnlicher Weise engagiert sich die IAO gemeinsam mit einer Reihe anderer internationaler Organisationen aktiv für den Umgang mit und die Prävention von psychosozialen Risikofaktoren und die Förderung der psychischen Gesundheit bei der Arbeit (Internationale Arbeitsorganisation, 2016).

Psychosoziale Faktoren am Arbeitsplatz werden seit den 1960er Jahren untersucht, wobei verschiedene Studienmodelle entstanden sind, die die Auswirkungen der Arbeitsbedingungen auf die Lebensqualität der Arbeitnehmer aufzeigen sollen (Pacheco, 2017).

In einer der Definitionen des Nationalen Instituts für Sicherheit und Hygiene am Arbeitsplatz (Rubio, Diaz, Garcia, & Luceño, 2010) werden sie beschrieben als "die in einer Arbeitssituation herrschenden Bedingungen, die in direktem Zusammenhang mit der Organisation, dem Inhalt der Arbeit und der Ausführung der Aufgabe stehen und das Wohlbefinden, die Gesundheit und die Leistung der Arbeitnehmer beeinträchtigen können".

Wie bereits erwähnt, wirken sich diese Faktoren auf die Qualität und die Tätigkeit der Arbeit aus und beeinträchtigen oder begünstigen das Arbeitsleben des Einzelnen, wobei ersteres der psychischen Gesundheit und dem Wohlbefinden der Menschen abträglich ist (Gil, 2012).

In diesem Sinne ist einer der wichtigsten Bestandteile der psychosozialen Risikofaktoren die psychische Arbeitsbelastung, die mit den Merkmalen der Arbeit zusammenhängt (Rubio, Diaz, Garcia, & Luceño, 2010).

Aranguren (2014) folgert daraus, dass "geistige Arbeitsbelastung mit sogenannter intellektueller Arbeit verbunden ist, was bedeutet, dass das Gehirn Reize erhält, auf die es reagieren muss", was zu kognitiven Anforderungen führt.

Aus diesem Grund ist die Definition der psychischen Arbeitsbelastung in vielen Berufen aufgrund der kognitiven Anforderungen bei der Arbeit wichtig für den Bereich der Prävention beruflicher Risiken, der sich auf das physische und psychische Wohlbefinden der Mitglieder konzentriert (Macías & Rocha, 2016).

Laut Díaz, Rubio, Martín und Luceño (2010) hat das Konzept der psychischen Arbeitsbelastung historisch gesehen verschiedene Perspektiven: Ferrer, Dalmau und Hacker verstehen es als "einen Faktor, der allein von den Anforderungen der Aufgabe abhängt, denen sich die Person stellen und anpassen muss", während Young und Staton es 2001 als "Ergebnis der Interaktion zwischen den Anforderungen der Aufgabe und den Fähigkeiten oder Ressourcen der Person" bezeichnen, wobei Letzteres derzeit die größte Unterstützung und Akzeptanz genießt.

Eine ähnliche Sichtweise vertreten Ferrer & Dalmau, die erwähnen, dass "die mentale Arbeitsbelastung mit den Besonderheiten einer Person, die eine Tätigkeit ausübt, in Verbindung gebracht werden kann, wobei die Fähigkeit, die bereitgestellten Informationen zu verarbeiten, hervorgehoben wird" (Canizalez & Gómez, 2018).

Andererseits erwähnt Aranguren (2014), dass für "Móndelo et al. die mentale Arbeitsbelastung hauptsächlich durch die Menge der zu verarbeitenden Informationen, die verfügbare Zeit und die Bedeutung der Entscheidungen bestimmt wird".

Es gibt jedoch noch weitere Aspekte, die den Grad der psychischen Belastung des Arbeitnehmers bestimmen, wie die Länge der Arbeitszeit, die Ruhezeiten zwischen den Tagen oder Schichten und der Zeitplan, in dem das Subjekt arbeitet; diese Faktoren erhöhen ebenfalls die psychische Arbeitsbelastung (Almudéver & Pérez, 2019).

Andere Faktoren, die ebenfalls berücksichtigt werden, sind: Lärm, Vibrationen, Beleuchtung und Temperatur, die ebenfalls dazu beitragen, die psychische Arbeitsbelastung der Arbeitnehmer zu erhöhen, da sich ihre Auswirkungen auf ihr Wohlbefinden und die von ihnen ausgeführten Tätigkeiten auswirken (Canizalez & Gómez, 2018).

In ähnlicher Weise gibt es ein weiteres Konzept des INSHT, das die psychische Arbeitsbelastung definiert als "die Gesamtheit der mentalen, kognitiven oder intellektuellen Anforderungen oder Beanspruchungen, denen der Arbeitnehmer während des Arbeitstages ausgesetzt ist und die für die Ausführung der Arbeit erforderlich sind" (Neffa, 2015).

Es gibt jedoch keine einheitliche Definition der psychischen Arbeitsbelastung, aber alle haben eine Gemeinsamkeit, nämlich dass sie das konkrete Ergebnis der Interaktion zwischen einer Person und einer oder mehreren Aufgaben ist. Infolgedessen kann die Schwierigkeit derselben Aufgabe für einige mehr variieren als für andere (Freire & Corrales, 2018).

In Mexiko ist die psychische Arbeitsbelastung ein wenig untersuchter Faktor, der von Unternehmensleitern und Arbeitnehmern in diesem Land praktisch nicht verstanden wird (Uribe, 2016). (Uribe, 2016)

Es wurden jedoch Untersuchungen im Land durchgeführt, bei denen verschiedene Faktoren bewertet wurden, darunter die psychische Arbeitsbelastung, wie z. B. die in der Elektroindustrie durchgeführte Untersuchung, bei der als hohe Risikoelemente für die psychische Arbeitsbelastung die Frustration der ausgeführten Aufgaben, die psychische Belastung und der Arbeitstag festgestellt wurden (Canizalez & Gómez, 2018).

Um die Wahrnehmung der psychischen Arbeitsbelastung unter mexikanischen Arbeitnehmern besser zu verstehen, haben einige Autoren Untersuchungen zur psychischen Arbeitsbelastung durchgeführt, deren Ergebnisse darauf hinweisen, dass mexikanische Arbeitnehmer die psychische Arbeitsbelastung mit Kopfschmerzen in Verbindung bringen (Redondo, Tejado & Rodríguez, 2012).

Im Gegensatz zu Mexiko ist in Spanien die psychische Arbeitsbelastung in den letzten zehn Jahren zu einem der psychosozialen Risikofaktoren geworden, die am stärksten zugenommen haben, so dass ihre Bewertung und Erforschung ein zentraler Punkt für die Entwicklung neuer Arbeitssysteme und -verfahren ist (Díaz, 2015).

Die Ergebnisse solcher Bewertungen in diesem Land zeigen, dass "Männer im Verhältnis zum Arbeitstempo eine geringere psychische Arbeitsbelastung angeben als Frauen". (Fernández, De la Cruz Cantos, Gayoso, & Rodríguez, 2015).

Canizalez & Gómez (2018) beziehen sich auf Fernández, der erwähnt, dass es für eine optimale Ausführung der Aufgabe und eine nicht übermäßige psychische Belastung der Arbeitnehmer notwendig ist, sicherzustellen, dass die Informationen vollständig wahrgenommen, verstanden und interpretiert werden.

Schneider (2018) stellt fest, dass "dies zweifellos ein sehr ernstes Thema ist, wenn man bedenkt, dass Situationen psychischer Belastung der Auftakt zu verschiedenen Pathologien sein können, seien sie physischer oder psychologischer Natur".

In den Ergebnissen der VI. Nationalen Erhebung über die Arbeitsbedingungen wird erwähnt, dass die psychische Arbeitsbelastung zu körperlichen Beschwerden führt (Rubio, Diaz, Garcia, & Luceño, 2010).

Macías & Rocha (2016) bestätigen auch, dass "psychische Arbeitsbelastung Auswirkungen auf die körperliche Gesundheit hat, z. B. allgemeine Gesundheitssymptome oder -beschwerden, Indikatoren für koronare Herzkrankheiten und Muskel-Skelett-Probleme.

Muskel-Skelett-Probleme sind wiederum ein wichtiger Bestandteil der psychischen Gesundheit, da sie auch die psychische Arbeitsbelastung erhöhen (Neffa, 2015).

Tejado, Rodriguez & Redondo (2012) stehen dem nicht nach und folgern, dass eine hohe psychische Belastung nicht nur zu körperlichen Beschwerden, sondern auch zu Stress und psychischer Ermüdung führt.

Um die Entstehung von Stress als Folge von psychischer Arbeitsbelastung zu verstehen, ist es wichtig zu erwähnen, dass er auf zwei Arten auftritt: "als Überlastung, wenn die Fähigkeiten der Person durch die Anforderungen der Arbeit überschritten werden, und als Unterbelastung, wenn die Arbeit wenig geistige Verarbeitung erfordert". Wenn ersteres der Fall ist, beeinflusst dies die Zunahme des Leidens an arbeitsbedingtem Stress (Bustamante et al., 2015).

Rubio, Diaz, Garcia, & Luceño (2010) erwähnen, dass "psychische Arbeitsbelastungen zu erheblichen Gesundheitsproblemen bei Arbeitnehmern führen können", wobei die direkteste Folge arbeitsbedingter Stress ist.

Auch Rendón & Toro (2018) bestätigen, dass die Neigung zu Stress steigt, wenn die psychische Arbeitsbelastung zunimmt.

Daraus lässt sich ableiten, dass eine psychische Arbeitsbelastung negative Auswirkungen wie Stress mit sich bringt, der unter bestimmten Arbeitsbedingungen das Wohlbefinden der Arbeitnehmer beeinträchtigt und ihre Leistung beeinträchtigt. (Rubio, Diaz, Garcia, & Luceño, 2010).

Stress: Psychische Ermüdung

Die Internationale Arbeitsorganisation (2016) definiert Stress als "die körperliche und emotionale Reaktion auf einen Schaden, der durch ein Ungleichgewicht zwischen den wahrgenommenen Anforderungen und den wahrgenommenen Ressourcen und Fähigkeiten einer Person zur Bewältigung dieser Anforderungen entsteht".

Eine andere Definition von Stress stammt von einem spanischen Spezialisten, der ihn als "die Gesamtheit der emotionalen, kognitiven, physiologischen und verhaltensmäßigen Reaktionen auf bestimmte ungünstige oder schädliche Aspekte des Arbeitsinhalts, der Arbeitsumgebung oder der Arbeitsorganisation" beschreibt (Neffa, 2015). (Neffa, 2015)

Daraus lässt sich schließen, dass ein sehr hohes Maß an Stress im Arbeitsumfeld zu Leistungs- und Produktivitätseinbußen, z. B. in Bezug auf die Konzentrationsfähigkeit, und sogar zu schweren Unfällen bei Tätigkeiten führen kann, bei denen es auf Genauigkeit und Präzision ankommt (Cirera, Aparecida, Rueda Elias Spers, & Ferraz, 2012).

Sie ist damit zu einer der Hauptursachen für Arbeitsunfähigkeit in den Industrienationen geworden, da sie auch eine Bedrohung für die psychische Gesundheit und ein Risikofaktor für Arbeitsunfälle, psychische Störungen und Krankheiten ist (Mur de Víu & Maqueda, 2011).

Ebenso kann eine Aufgabe, die über einen längeren Zeitraum ausgeführt wird und bei der die Fähigkeiten des Arbeitnehmers bis an die Grenzen gehen, zu geistiger Ermüdung führen, die eng mit der Erschöpfung verbunden ist, die Menschen bei der Ausführung einer Aufgabe erfahren können (Canizalez & Gómez, 2018).

Die psychische Ermüdung nimmt zu, wenn sich die Anforderungen der Arbeit nicht anpassen, weil sie die Reaktionsfähigkeit des Arbeitnehmers über- oder unterschreiten und zu viel Zeit und/oder eine höhere Intensität der kognitiven Funktionen erfordern (Neffa, 2015).

Ermüdung ist daher eine der negativen gesundheitlichen Auswirkungen von Arbeitnehmern, die in langen und wechselnden Schichten arbeiten (Almudéver & Pérez, 2019).

Daher sind die zeitliche Verteilung der Arbeitsbelastung und die Intensität der psychischen Belastung Faktoren der Ermüdung, und folglich ist es sinnvoll, entsprechende Maßnahmen in Bezug auf diese Faktoren zu schätzen, um Ermüdung zu verhindern (Aranguren, 2014).

Nach Neisa, Godoy & Tangarife (2014) ist Ermüdung "eine reversible Abnahme der Funktionsfähigkeit des Körpers als Folge einer körperlichen oder geistigen Anstrengung, die sich negativ auf die Leistung einer Person auswirkt, und als Ergebnis einer vorangegangenen längeren Tätigkeit".

Die Arbeitsbedingungen führen häufig zu geistiger Ermüdung, die sich auf die Abnahme der Konzentration und der Praxis auswirkt, was zu einer Zunahme von Fehlern, Verwirrungen und Versäumnissen führt, was wiederum die Wahrscheinlichkeit von Arbeitsunfällen erhöht (Macías & Rocha, 2016).

Folglich gibt es Studien zu diesem Thema, in denen Müdigkeit mit Arbeitsunfällen in Verbindung gebracht wird, was sie zusammen mit der psychischen Arbeitsbelastung zu einem Risikofaktor macht (Neisa, Godoy, & Tangarife, 2014).

Der Preis für die Nachteile, die Müdigkeit für die Gesundheit der Arbeitnehmer mit sich bringt, wirkt sich auf die Effizienz der Unternehmen aus und verursacht Probleme, die direkte Kosten für diese Organisationen mit sich bringen, die in die Prävention, Erkennung und Lösung von Unfällen und Krankheiten investieren, die die Arbeitnehmer in diesem Szenario erleiden können, das von der oben erwähnten psychischen Belastung herrührt (Canizalez & Gómez, 2018).

Die Aufmerksamkeit, die der psychischen Arbeitsbelastung gewidmet wurde, hat sie zu einem der wichtigsten Faktoren für diejenigen gemacht, die sich mit der Effektivität der menschlichen Leistung und den Arbeitsbedingungen befassen (Diaz, 2010).

Daher wird die psychische Arbeitsbelastung der Arbeitnehmer für die Unternehmen als Synonym für Kosten übersetzt, was wiederum eine negative Verschlechterung der Leistung und Qualität der Arbeit bedeutet (Canizalez & Gómez, 2018).

Folglich sollten öffentliche und private Organisationen Pläne zur Förderung und Prävention von Gesundheit, Risiken und Berufskrankheiten umsetzen, die die psychische Arbeitsbelastung der Arbeitnehmer berücksichtigen (Rubio, Diaz, Garcia, & Luceño,

2010).

Damit trägt die betriebliche Gesundheitsförderung zur Verbesserung der psychischen Gesundheit und des Wohlbefindens von Frauen und Männern am Arbeitsplatz bei, indem sie das Risiko psychischer Störungen verringert. Bedeutet die Umsetzung von Gesundheit am Arbeitsplatz, die den Schutz der psychischen Gesundheit von Arbeitnehmern durch das Management und die Bewertung psychosozialer Risiken beinhaltet, um psychische Arbeitsbelastungen zu vermeiden (Internationale Arbeitsorganisation, 2016).

Frühere Studien

Die 2009 in Argentinien durchgeführte I. Nationale Erhebung über Beschäftigung, Arbeit, Arbeitsbedingungen und Arbeitsumfeld ergab, dass 26,7 % der Arbeitnehmer angaben, unter psychischer Arbeitsbelastung zu leiden (Internationale Arbeitsorganisation, 2016).

Andererseits führten Arellano, López & Aurioles (2016) eine Studie zur mentalen Arbeitsbelastung im Zusammenhang mit der Nachtschicht durch. In dieser Studie wurde die NASA-TLX-Skala (Task Load Index) verwendet, die in zwei Stufen eingesetzt wurde, die erste vor der Ausführung der Aufgabe und die zweite nach deren Abschluss. Die Ergebnisse zeigen, dass Menschen, die in der Tagschicht arbeiten, 62 % seltener psychisch belastet sind als Menschen, die in der Nachtschicht arbeiten.

Hinsichtlich der Beziehung zwischen dem Dienstalter des Arbeitnehmers und der psychischen Arbeitsbelastung wurde in einer Studie von Macías & Rocha (2016) das Instrument "Subjektive Skala der psychischen Arbeitsbelastung" (ESCAM) verwendet, bei dem "jedes Item auf einer Likert-Skala mit 5 Punkten bewertet wurde, wobei 1 der Mindestwert ist und eine geringe psychische Arbeitsbelastung darstellt und 5 der Höchstwert ist und eine hohe psychische Arbeitsbelastung darstellt."Die Ergebnisse zeigen, dass die Arbeitnehmer, die eine höhere psychische Arbeitsbelastung im Verhältnis zu ihrem Dienstalter wahrnehmen, diejenigen sind, die seit 21 bis 25 Jahren arbeiten (90 %), im Gegensatz zu dem Mindestmaß an psychischer Arbeitsbelastung, das bei Arbeitnehmern mit weniger als einem Jahr Berufserfahrung (35 %) vorhanden ist. In derselben Studie wurde auch ein Zusammenhang zwischen dem Alter des Arbeitnehmers und der wahrgenommenen psychischen Arbeitsbelastung festgestellt, wobei

Arbeitnehmer unter 30 Jahren (35 %) eine geringere psychische Arbeitsbelastung wahrnehmen als die Arbeitnehmer zwischen 40 und 49 Jahren (64 %), die den höchsten Wert aufweisen.

Ferreira & Ferreira (2014) führten ebenfalls eine Untersuchung durch, die auf einer Querschnittsstudie basierte, bei der ein Fragebogen nach dem Zufallsprinzip auf eine Gesamtstichprobe von 235 Krankenschwestern und -pflegern angewandt wurde, wobei 59,5 % der Befragten ein hohes Maß an psychischer Arbeitsbelastung wahrnahmen, wobei Fachkräfte im Alter zwischen 20 und 40 Jahren ein höheres Risiko aufwiesen, darunter zu leiden.

Aus geschlechtsspezifischer Sicht wurden jedoch nur wenige Studien gefunden, die das Geschlecht mit dem wahrgenommenen Grad der psychischen Arbeitsbelastung in Verbindung bringen; es wurde jedoch eine Beobachtungsquerschnittsstudie gefunden, die auf Zahlen aus der "VII. Nationalen Erhebung über die Arbeitsbedingungen" basiert, die 2011 mit einer Stichprobe von 8.892 Arbeitnehmern durchgeführt wurde und zu dem Schluss kommt, dass "das Risiko, den verschiedenen Faktoren der psychischen Arbeitsbelastung ausgesetzt zu sein, zwischen den Geschlechtern variiert, wobei die Exposition bei Männern statistisch höher ist: "Ein sehr hohes Maß an Aufmerksamkeit aufrechterhalten" und "Strenge und kurze Fristen einhalten", wobei der niedrigste Wert bei den Frauen "Sehr schnelles Arbeiten" ist. Mit anderen Worten, wenn es darum geht, unter bestimmten Fristen zu arbeiten und die Aufmerksamkeit aufrechtzuerhalten, leiden Männer im Vergleich zu Frauen eher unter psychischer Arbeitsbelastung. Dieselbe Studie kommt jedoch auch zu dem Schluss, dass Frauen mit einer Prävalenz von 0,65 % in Bezug auf das Arbeitstempo eher unter einer höheren psychischen Arbeitsbelastung leiden als Männer, die 0,63 % erreichen (Fernández, De la Cruz Cantos, Gayoso, & Rodríguez, 2015).

Kapitel III - Methodik. 3.1. Art der Studie.

Die Studie war deskriptiv, was laut Hoyos & Espinoza (2013) "in erster Linie darin besteht, die wichtigen Eigenschaften einer Analyse zu spezifizieren, ohne den Studienfaktor zu verändern".

3.2.-Grundgesamtheit und Stichprobe.

Die für diese Untersuchung betrachtete Population bestand aus dem Verwaltungspersonal eines Unternehmens, das sich auf die Herstellung elektrischer Komponenten in der Stadt H. Matamoros, Tamaulipas, spezialisiert hat. Es handelte sich um 150 Personen im Alter zwischen 19 und 40 Jahren, wobei 50% der Bevölkerung männlich und 50% weiblich waren.

3.3.-Methode.

Das Instrument, das für die Datenerhebung in der vorliegenden Untersuchung verwendet wurde, war ein 20 Punkte umfassender Fragebogen mit der Bezeichnung "Subjective Mental Workload Scale (SMWCS)", in dem fünf Faktoren festgelegt sind:

- Kognitive Anforderungen und Aufgabenkomplexität.
- Merkmale der Aufgabe.
- Zeitliche Organisation der Arbeit.
- Arbeitstempo und
- Gesundheitliche Folgen.

Anhand einer Likert-Skala mit 5 Antwortwerten von 1 bis 5, wobei 1 für eine geringe und 5 für eine hohe psychische Belastung steht.

Ergebnisse

Bei den Ergebnissen dieser Untersuchung wurde festgestellt, dass, wie von den Autoren erwähnt, die psychische Arbeitsbelastung vorhanden ist und sich in der emotionalen Ermüdung der Arbeitnehmer bemerkbar macht. Im Zusammenhang mit einigen Variablen, wie z. B. dem Alter, konnte festgestellt werden, dass bei Arbeitnehmern zwischen 19 und 25 Jahren eine geringe psychische Arbeitsbelastung mit 43 % vorherrscht, gefolgt von einer mittleren psychischen Arbeitsbelastung mit 31 % und schließlich einer hohen psychischen Arbeitsbelastung mit 26 % (siehe Schaubild 1).

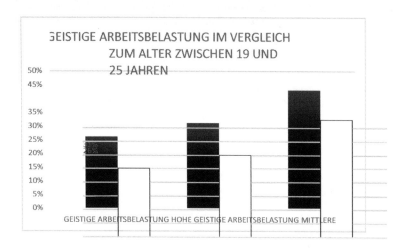

Schaubild 1 - Psychische Ermüdung im Alter von 19 bis 25 Jahren

In der Altersspanne von 26 bis 32 Jahren wurde festgestellt, dass die Prävalenz mit 75 % bei der mittleren psychischen Belastung am höchsten war, gefolgt von der niedrigen psychischen Belastung mit 14 % und schließlich mit einer Prävalenz von 3 % bei der hohen psychischen Belastung mit 11 % (siehe Schaubild 2).

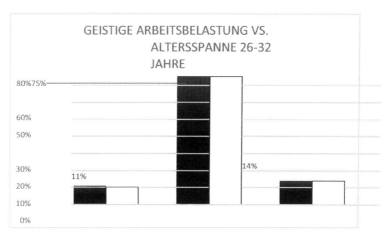

Schaubild 2 - Psychische Arbeitsbelastung 26-32 Jahre

In der Altersgruppe der 33- bis 40-Jährigen war die psychische Belastung in der unteren Altersgruppe mit 88 % höher, während der Durchschnitt bei 10 % und die untere bei 2 % lag (siehe Schaubild 3).

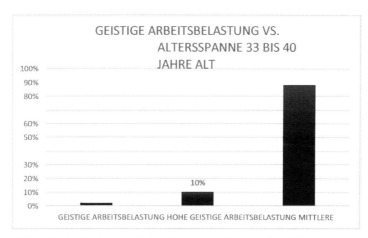

Schaubild 3 - Psychische Arbeitsbelastung im Alter von 33 bis 40 Jahren

Ein weiterer Aspekt, der sich auf die Variable des Geschlechts der befragten Bevölkerung bezog, war, dass Männer in ihrer Mehrheit eine hohe psychische Belastung haben (65 %), gefolgt von einer geringen psychischen Belastung (19 %) und schließlich dem Durchschnitt (16 %) (siehe Abbildung 4).

Schaubild 4 - Psychische Arbeitsbelastung bei Männern

Auch bei den Frauen lag die Prävalenz der geringen psychischen Belastung bei 41 %, gefolgt von der hohen psychischen Belastung mit 37 % und schließlich der durchschnittlichen Belastung mit 22 % (siehe Abbildung 5).

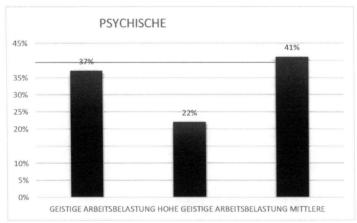

Schaubild 5: Psychische Arbeitsbelastung bei Frauen

Was die allgemeinen Ergebnisse bei Arbeitnehmern mit Verwaltungstätigkeiten betrifft, so wurde festgestellt, dass 78 % der Arbeitnehmer eine mittlere psychische Arbeitsbelastung aufweisen, gefolgt von einer hohen psychischen Arbeitsbelastung mit 51 % und schließlich einer geringen psychischen Arbeitsbelastung mit 21 % (siehe Schaubild 6). (Siehe Schaubild 6).

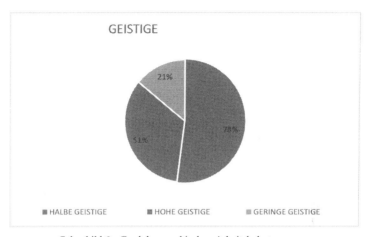

Schaubild 6 - Grad der psychischen Arbeitsbelastung

Schlussfolgerungen

Die psychische Arbeitsbelastung ist ein nicht zu vernachlässigender psychosozialer Faktor, da sie, wie mehrere Autoren festgestellt haben, zu den Risikofaktoren gehört, die die meisten Unfälle im Unternehmen verursachen können, und darüber hinaus die Verschlechterung der psychischen Gesundheit in direktem Zusammenhang mit anderen chronischen degenerativen Krankheiten steht, Es ist daher von größter Bedeutung, dass diese Art von Problemen weiter untersucht wird und dass praktische Lösungen gefunden werden, die mit dem Fortschritt der Industrien, Organisationen und Arbeitsplätze übereinstimmen, die ihrerseits immer anspruchsvoller werden, weshalb dies eng mit der Verschlechterung der Gesundheit der Menschen zusammenhängt.

In Bezug auf die erzielten Ergebnisse kann nicht übersehen werden, dass die Mehrheit der Arbeitnehmer zu einer mittelhohen psychischen Arbeitsbelastung neigt und dass dies ein Aspekt ist, bei dem nach Alternativen und Lösungen gesucht werden muss, um diesen Aspekt zu minimieren und abzumildern, darunter Pausen zwischen den Schichten, arbeitspsychologische Hilfsmittel, 10-Minuten-Entspannungsprogramme, planmäßige Arbeit und die Abschaffung der Ideologie der "Arbeit für jetzt oder gestern", Dazu gehören Pausen zwischen den Schichten, arbeitspsychologische Hilfsmittel, 10-Minuten-Programme zur Entspannung, programmierte Arbeit und die Abschaffung der Ideologie der "Arbeit für jetzt oder gestern", die Arbeitskultur der Mexikaner muss geändert werden, neben anderen Aspekten, die dazu beitragen können, die Auswirkungen auf die Arbeitnehmer zu minimieren.

In Bezug auf die Tendenzen bei Männern und Frauen kann man feststellen, dass die Ideologie, dass der Mann der Ernährer ist, in einigen Regionen schon immer galt und immer noch gilt, was dazu führt, dass er die höchsten Anforderungen stellt, während die Frauen bei der ganzen Frage der Gleichstellung der Geschlechter und anderen Themen nicht hinterherhinken, da die Tendenz höher ist, was die Metallbelastung angeht, die sie darstellen, und dies könnte genau auf dieses Phänomen zurückzuführen sein, das immer mehr an Bedeutung gewonnen hat und dass sie heutzutage die gleiche Verantwortung haben, egal ob sie Männer oder Frauen sind.

BIBLIOGRAPHIE

Almudéver, L., & Pérez, I. (2019). Die psychische Arbeitsbelastung von Pflegefachkräften im Verhältnis zu ihrer Arbeitsschicht. *Ene revista de enfermería*, 13(1), S.S. 1-23. Erhältlich unter http://ene-enfermeria.org/ojs/index.php/ENE/article/view/816/carga_mental

Aranguren, W. (2014). Psychische Arbeitsbelastung bei der Arbeit. *Sapienza Organizacional Journal*, 1(1), p.p. 9-20. Erhältlich unter http://www.redalyc.org/articulo.oa?id=553056603003

Arellano, J., Lopez, E. & Aurioles, I. (2016). Psychische Arbeitsbelastung in Verbindung mit der Nachtschicht bei Arbeitnehmern eines vorpharmazeutischen Unternehmens: eine vergleichende Studie. *Revista Colombiana de Salud Ocupacional*, 6(3), S.S. 109-115. Erhältlich unter https://revistas.unilibre.edu.co/index.php/rc_salud_ocupa/article/download/4941/4226/

Blanco, G., & Feldman, L. (2017). Psychosoziale Faktoren bei der Arbeit und ihre Auswirkungen: Das Unsichtbare sichtbar machen. *Buch*. Rechtliche Hinterlegung: DC2017001943. Erhältlich unter https://www.researchgate.net/publication/326131757_Factores_psicosociales_laborales_y_das Unsichtbare sichtbar machen

Bustamante, M., Maldonado, A., García, J., Hernández, J., Trillo, V., & Loreto, N. (2015) Evaluation of mental workload in nursing professionals of the evening shift of a public hospital in Ciudad Juárez, Chihuahua. *Rev. Cultura Científica y Tecnológica*, 56 (12), S.S. 208-215. Erhältlich unter http://erevistas.uacj.mx/ojs/index.php/culcyt/article/view/815/778

Caballos, P., Rolo, G., Díaz, D., Paravic, T. & Hernández, E. (2015). Psychosoziale Faktoren und psychische Arbeitsbelastung: eine Realität, die von Krankenschwestern und -pflegern auf Intensivstationen wahrgenommen wird. *Latin American Nursing Review*, 23(3), 316-317. Erhältlich unter https://www.redalyc.org/articulo.oa?id=281439483018

Canizalez, V., & Gómez, K. (2018). Psychische Arbeitsbelastung von Arbeitnehmern: Stressfaktoren und Auswirkungen auf Unternehmen. *Rev. VinculaTégica EFAN* (3), S.S. 600-613. Verfügbar unter http://www.web.facpya.uanl.mx/Vinculategica/Vinculategica_3/VinculaTegica%203-3.pdf

Cirera, Y., Aparecida, E., Rueda, V. & Ferraz, O. (2012). Auswirkungen von Arbeitsstress auf Fachkräfte und Organisationen. Rev. *Invenio*. 15 (29), S.S. 67-80. Erhältlich unter https://www.redalyc.org/articulo.oa?id=87724146007

Díaz, C. (2010). Arbeitstätigkeit und psychische Belastung. *Zeitschrift für Gesundheit und Wissenschaft*, 12(36),

S.S. 281-292. Verfügbar unter https://www.u-cursos.cl/facso/2011/1/PSI-EC/1/material_docente/bajar?id_material=574205

Díaz, E. (2015). Bewertung der psychischen Arbeitsbelastung von Arbeitnehmern. *Zeitschrift für Gesundheit und Wissenschaft*, 21(7),

S. S. 751-753. Erhältlich unter https://www.siicsalud.com/dato/sic/217/124961.pdf

Díaz, R. Rubio, S. García, J. & Luceño, L. (2010). Psychometrische Studie des NASA-TLX-Index für mentale Arbeitsbelastung mit einer Stichprobe spanischer Arbeitnehmer. *Revista de Psicología del Trabajo y de las Organizaciones*, 26(3), S.S. 191-192. Erhältlich unter https://www.redalyc.org/articulo.oa?id=231316502003

Dirección General de la Inspección de Trabajo y Seguridad Social y El Instituto Nacional de Seguridad E higiene en el Trabajo (2012). *Handlungsleitfaden für die Arbeitsaufsicht und die soziale Sicherheit in Bezug auf psychosoziale Risiken*. Erhältlich unter https://www.laboral-social.com/files-laboral/Guia_psicosociales.pdf

Fernández, M., De la Cruz, M., Gayoso, M., & Rodríguez, S. (2015). Psychische Arbeitsbelastung bei berufstätigen Frauen: Geschlechterungleichheit und Prävalenz. *Rev. Medicina Y Seguridad Del Trabajo*, 61(238), S.S. 18-33. Erhältlich unter http://scielo.isciii.es/pdf/mesetra/v61n238/original2.pdf

Ferreira, M. & Ferreira, C. (2014). Psychische und psychische Erkrankungen bei Ärzten. *Revista Portuguesa de Enfermagem de Saúde Mental* (Sonderheft 1), S.S. 47-. 52. Verfügbar unter http://www.scielo.mec.pt/scielo.php?script=sci_arttext&pid=S1647-21602014000100008

Freire, J. & Corrales, N. (2018). Psychosoziale Risiken für die Arbeitsleistung von Hochschullehrern. *Didasc@lia Journal: Didaktik und Bildung*. 9(4), S.S. 53-68.

Erhältlich unter https://refcale.uleam.edu.ec/index.php/didascalia/article/view/2821/1646

García, A. (2012). Sicherheit und Hygiene im Umgang mit Lebensmitteln: (Restaurants, Hotels und andere Gemeinschaftseinrichtungen). *Libro*. Rechtshinterlegung M-13823-2012. Verfügbar unter
https://books.google.com.mx/books?id=L5E_DwAAQBAJ&printsec=frontcover&dq=Se guridad+e+higiene+en+la+manipulaci%C3%B3n+alimentaria:+(Restaurantes,+hoteles+y +:+(Restaurants,+Hotels+und+andere+Einrichtungen).&hl=de-419&sa=X&ved=0ahUKEwjn57ubndnlAhVRXKwKHfImANoQ6AEIKTAA#v=onepag e&q&f=false

Gil, P. (2012). Psychosoziale Risiken bei der Arbeit und Gesundheit am Arbeitsplatz. *Revista Peruana de Medicina Experimental y Salud Pública*, 29(2), S.S. 237-341. Erhältlich unter http://www.redalyc.org/articulo.oa?id=36323272012

Gil, P. (2014). Kognitive Ergonomie und psychische Arbeitsbelastung. *Manual de psicosociología aplicada al trabajo y a la prevención de los riesgos laborales*, S.S. 159-160. Verfügbar unter
https://books.google.com.mx/books?hl=es&lr=&id=jNOUBQAAQBAJ&oi=fnd&pg=PA 159&dq=ergonomia+cognitiva+carga+mental+load&ots=wcrp5HWisX&sig=RSs_Mo_l C0Op 31D83zvI-0c_zkk#v=onepage&q&f=false

Gómez, M., & Calderón, P. (2017). Psychische Gesundheit am Arbeitsplatz zwischen Leiden am Arbeitsplatz und gesunder Organisation. *Katharsis: Zeitschrift für Sozialwissenschaften* (23), S.S. 177-201.
Erhältlich unter
http://revistas.iue.edu.co/revistasiue/index.php/katharsis/article/view/871/1260

HespanHol, B. Aparecida de Souza, H. Garrido, J. & KawaMura, E. (2015). Arbeitsbedingte psychische Gesundheit: Herausforderungen für die öffentliche Politik. *Rev. Univeritas Psychologica*, 14(5), S.S. 1614-1614. Erhältlich unter
http://www.redalyc.org/articulo.oa?id=64746682008

Macías, M. & Rocha, R. (2016). Messung der psychischen Arbeitsbelastung in der Automobilindustrie in Mexiko. *Rev. European Scientific Journal*, 12(26), S.p. 92-112. Erhältlich unter http://eujournal.org/index.php/esj/article/view/8065/7679

Mingote, J. & Núñez, C. (2011) Die Bedeutung der Berücksichtigung der psychischen Gesundheit im betrieblichen Gesundheitsmanagement: eine gemeinsame Verantwortung. *Rev. Medicina Y Seguridad Del*

Labour, 57 (Suppl. 1), S.p. 239-262. Erhältlich unter http://scielo.isciii.es/pdf/mesetra/v57s1/actualizacion13.pdf

Mingote, J., Del Pino, P., Sánchez, R., Gálvez, M., & Gutiérrez, M. (2011). Der Arbeitnehmer mit psychischen Problemen. Allgemeine Leitlinien für Erkennung, Intervention und Prävention. *Rev. Medicina y Seguridad del Trabajo.* 57 (Suppl. 1), S.p. 239-262. Erhältlich unter http://scielo.isciii.es/pdf/mesetra/v57s1/actualizacion10.pdf

Moreno, B. (2011). Psychosoziale Faktoren und Risiken bei der Arbeit: Konzeptualisierung, Geschichte und aktuelle Veränderungen. *Rev. Medicina Y Seguridad Del Trabajo*, 57, S.S. 7-8. Erhältlich unter http://scielo.isciii.es/pdf/mesetra/v57s1/especial.pdf

Mur de Víu, C. & Maqueda, J. (2011) Salud laboral y Salud mental: estado de la cuestión. *Rev.*
Arbeitsmedizin und -sicherheit, 57 (Suppl. 1), S.p. 1-3. Erhältlich unter http://scielo.isciii.es/pdf/mesetra/v57s1/editorial.pdf

Neffa, J. (2015). Psychosoziale Risiken bei der Arbeit: ein Beitrag zu ihrer Untersuchung. *Buch*, Rechtshinterlegung M-97898-1999. Verfügbar unter http://biblioteca.clacso.edu.ar/Argentina/fo- umet/20160212070619/Neffa.pdf

Neisa, C., Godoy, L., & Tangarife, A. (2014). Psicología de las organizaciones y del trabajo: apuestas de investigación. *Libro*. ISBN: 978-958-8785-31-8 S. 429-446 Verfügbar unter http://bibliotecadigital.usb.edu.co/bitstream/10819/4493/1/Psicolog%C3%ADa_organiza ciones_trabajo..pdf

Internationale Arbeitsorganisation (2016*). Ein Leitfaden zum Thema Stress am Arbeitsplatz: Eine kollektive Herausforderung. Internationale Arbeitsorganisation (*Erste Ausgabe*)*, S. 6-36. Verfügbar unter https://www.ilo.org/wcmsp5/groups/public/--- ed_protect/---protrav/--- safework/documents/publication/wcms_466549.pdf

Pacheco, A. (2017). Arbeitsumfeld: eine Bewertung der psychosozialen Risiken und der psychischen Arbeitsbelastung von Verkehrsbeamten. *Zeitschrift der Industrieuniversität Santander Health*, 49(4), S.p. 567-576. Erhältlich unter https://revistas.uis.edu.co/index.php/revistasaluduis/article/view/6871/7147

Pulido, J. Molina, J. & Rodríguez, J. (2016). Psychische Arbeitsbelastung als bestimmender Faktor für Arbeitsleistung und Wohlbefinden, Intervention der kognitiven Ergonomie. *Revista Colombiana De Rehabilitación*, (Sonderband), S.S. 4-5. Erhältlich unter https://ecr.edu.co/wp-content/uploads/2015/11/gaceta-audiologia-2016.pdf

Rendón, L., & Toro, E. (2018). Die Arbeit und die emotionale Belastung der Mitarbeiter des öffentlichen Rechnungswesens. *Virtuelle Studentenzeitschrift Ágora*, 6(6), S.p. 1-11. Erhältlich unter http://ojs.tdea.edu.co/index.php/agora/article/download/511/678/

Rivera, M. & Romero, R. (2016). Messung der psychischen Arbeitsbelastung in der Automobilindustrie in Mexiko. *Rev. European Scientific Journal*, 12(26), S.S. 97-98. Erhältlich unter https://pdfs.semanticscholar.org/02de/373ac61cb5979b376d3e82aecbf77a5adb32.pdf

Rubio, S. Díaz, E. García, J. & Luceño, L. (2010). Psychische Arbeitsbelastung als psychosozialer Risikofaktor. Unterschiede nach Krankenstand. *Rev. Anxiety and Stress*, S. 271-272. Erhältlich unter http://www.infocop.es/view_article.asp?id=3271

Schneider, A. (2018) Die psychische Belastung von Frauen und die psychische Belastung von Männern. *Buch.* Rechtliche Hinterlegung B-28758-2018. Erhältlich unter https://www.larousse.es/catalogos/capitulos_promocion/OL00193601_9999966898.pdf

Tejado, M., Rodríguez, B. & Redondo, A. (2012). Ergonomische Gesundheits- und Sicherheitsrisiken am Arbeitsplatz von Pflegern. *Buch* (Erstausgabe), ISBN: 978-1-4716-2086-7 Verfügbar unter https://books.google.com.mx/books?id=4QeXAwAAQBAJ&pg=PA35&dq=carga+mental+de+trabajo&hl=de-419&sa=X&ved=0ahUKEwjhkduLiKnlAhVEKawKawKHQDkACoQ6AEIXDAJ#v=onepag e&q&f=false

Uribe, J. (2016). Psychologie der Arbeit: ein Umfeld mit gesunden psychosozialen Faktoren für die Produktivität. *Buch.* ISBN: 978-607-448-576-9. Verfügbar unter

https://books.google.com.mx/books?id=03vWDAAAQBAJ&printsec=frontcover&dq=ca
rga+mental+von+Arbeit&hl=de-
419&sa=X&ved=0ahUKEwik3oyXiKnlAhUFRa0KHcAeAcQ4ChDoAQgzMAI#v=onep
age&q=load%20mental%20von%20Arbeit&f=false

Verano, R. & Garavito, C. (2015). Psychosoziale Faktoren und ihre Beziehung zu
psychischen Erkrankungen. *Revista Electrónica Gestión de las Personas y Tecnología.* 8
(24), S.S. 30-37. Erhältlich unter https://www.redalyc.org/articulo.oa?id=477847102003

Wynne, R., De Broke, V., Leka, S., Jain, A., Houtman, I., McDaid, D. & Park, A. (2014).
Beschäftigung, Soziales und Integration Förderung der psychischen Gesundheit am
Arbeitsplatz: Ein *Leitfaden für die Umsetzung eines umfassenden Konzepts.* Verfügbar
unter https://op.europa.eu/es/publication-detail/-/publication/c1358474-20f0-11e8-ac73-
01aa75ed71a1/language-de

Druck:
CPI Druckdienstleistungen GmbH
im Auftrag der
Zeitfracht GmbH
Ein Unternehmen der Zeitfracht - Gruppe
Ferdinand-Jühlke-Str. 7
99095 Erfurt